www.ingramcontent.com/pod-product-compliance
Lightning Source LLC
Chambersburg PA
CBHW021831170526
45157CB00007B/2763
* 9 7 8 1 0 7 7 9 3 8 8 2 3 *